# CATALOGUE

# D'ESTAMPES

ET

# LITHOGRAPHIES

## LIVRES A FIGURES

## COSTUMES MILITAIRES

## DESSINS

*Provenant de la collection de M. G. B****

DONT LA VENTE AUX ENCHÈRES PUBLIQUES AURA LIEU

### HOTEL DES COMMISSAIRES-PRISEURS, RUE DROUOT,

SALLE N° 9

### Le Samedi 2 Décembre 1893

à deux heures précises.

---

| | |
|---|---|
| M<sup>e</sup> MAURICE DELESTRE | M. JULES BOUILLON |
| COMMISSAIRE-PRISEUR | Marchand d'estampes de la Biblioth. nationale |
| rue Drouot, 27. | rue des Saints-Pères, 43. |

H 7

# CATALOGUE

# D'ESTAMPES

ET

# LITHOGRAPHIES

LIVRES A FIGURES

COSTUMES MILITAIRES

DESSINS

*Provenant de la collection de M. G. B****

DONT LA VENTE AUX ENCHÈRES PUBLIQUES AURA LIEU

## HOTEL DES COMMISSAIRES-PRISEURS, RUE DROUOT,

SALLE Nº 9

## Le Samedi 2 Décembre 1893

à deux heures précises.

---

Par le ministère de Mᶜ **MAURICE DELESTRE**, Commissaire-Priseur,
Rue Drouot, 27.

Assisté de **M. JULES BOUILLON**, marchand d'estampes de la Bibliothèque
nationale, rue des Saints-Pères, 3.

---

PARIS, 1893

# CONDITIONS DE LA VENTE

Elle sera faite au comptant.

Les Acquéreurs payeront CINQ POUR CENT en sus des enchères, applicables aux frais de vente.

M. Jules BOUILLON, chargé de la vente, se réserve la faculté de réunir ou de diviser les lots.

---

# ORDRE DE LA VACATION

# DÉSIGNATION

## DESSINS

### ANONYMES

1 — 1<sup>er</sup> soldat. Compagnie de soldats infirmiers de l'hôpital militaire de perfectionnement, Val-de-Grâce.

Gouache.

2 — Mousquetaire noir, 2<sup>e</sup> C<sup>ie</sup> 1814, — Mousquetaire gris, 1<sup>re</sup> C<sup>ie</sup>, 1814, — Soldat Génois, — Deux cavaliers en bataille, etc.

Six dessins à l'aquarelle.

3 — Militaires au bivouac.

Esquisse à l'aquarelle, signée des initiales E. G.

4 — Quatre études de têtes avec casques, sur une même feuille.

Aquarelle.

### ANONYME ALLEMAND

5 — Quinze feuilles sur lesquelles sont représentés tous les canons dont on se servait en Europe au dix-septième siècle.

Au lavis d'encre de Chine.

### BELLANGÉ (H.)

6 — Grenadiers de la garde royale à cheval.
Aquarelle, signée.

### DELAMAIN (Paul)

7 — Etude de deux spahis à cheval.

Au crayon noir, sur papier teinté.

### DIVERS

8 — Sous ce numéro, il sera vendu environ 50 dessins, croquis et études de costumes militaires, portraits de Napoléon, etc.

## DUPLESSIS-BERTAUX

9 — Gendarme d'élite, — Tirailleur de la jeune garde, etc.,
Aide de camp du major-général, 1810.
Trois dessins au crayon noir.

## GILBERT

10 — Projet de la nouvelle salle de spectacle de la ville de
Saint-Quentin, — Entrées et vestibule d'hôtels, — Fontaine et palais divers.
Dix dessins au lavis de bistre et aquarelle.

## RAFFET

11 — M. Legrand, chef d'escadron de spahis à Constantine.
Deux études sur une même feuille.
À l'aquarelle. Provient de la vente Raffet.

12 — L'Armée française passe la frontière, 16 novembre 1832.
Première pensée de la planche n° 5 du siège d'Anvers.
À la plume et lavis de sépia.

13 — Construction de la descente du fossé, au siège de la citadelle d'Anvers, 1832. Première pensée de la planche
n° 6, du siège d'Anvers.
À la plume et lavis de sépia.

14 — Batterie de brêche en action au siège de la citadelle
d'Anvers, 1832. Première idée de la planche n° 7 du
siège d'Anvers.
À la mine de plomb.

15 — Le général Athalin, représenté debout.
Au crayon noir.

## SWEBACH

16 — Cavalier français poursuivant un cosaque, — Croquis de
costumes militaires.
Deux dessins à la plume et aquarelle.

## VERNET (C.)

17 — Officier et grenadier de la garde royale française.
Aquarelle.

# ESTAMPES ET LITHOGRAPHIES

## ADRESSES

18 — *Au Bouquet de diamans* : Cerneau, marchand orfèvre,
à Paris, — Pilet, marchand orfèvre et graveur, *aux
Sables*, — Rouilly, aîné marchand bijoutier-horloger, à
Brest. Trois pièces.

19 — *A l'observatoire*, Baradelle père, ingénieur du roi. In-4.
Belle épreuve.

## AFFICHES

20 — *Le Cid*, opéra].en quatre actes, musique de Massenet,
par Clairin, — Affiches pour le Mémorial de Sainte-
Hélène, par Ch. Jacque, — Et Napoléon en Égypte, etc.,
par Collette et Sansonl. Trois pièces.

## AGAR (J.-S.)

21 — *Wales* (the princess Charlotte of), d'après Charlotte
Jones. In-fol., en pied. Très belle épreuve.

## ALAIS ET CLÉMENT

22 — La colonne de Rosbach, d'après Debret, — Clémence
de Napoléon, d'après Monsiau. Deux pièces. Belles
épreuves.

## ANONYMES

23 — *Bonaparte*, 1er consul. Buste fort comme nature, imprimé en sanguine. Très belle épreuve avant toute lettre.

24 — Bonaparte haranguant les troupes, journée du 18 Brumaire, à Saint-Cloud. In-fol., en pied. Très belle épreuve.

25 — La Grande émigration du Roi des marmottes. Grande
pièce satyrique en largeur, coloriée.

## AUBERT (à Paris, chez)

26 — Lancier et grenadier de la garde royale, — Grenadier à
cheval et cuirassier de la garde royale, — Fusilier et
chasseur de la garde royale, — Dragon et Hussard de la
garde royale, — Timballier et tambour-major de la
garde royale, cinq pièces dessinées par A. L. Quatre sont
coloriées. Très belles épreuves.

### AUDOUIN (P.)

27 — Bonaparte, 1<sup>er</sup> consul de la République française, d'après Bouillon, en bas, une frise où est représentée la bataille de Marengo. In-fol. Très belle épreuve, marge.

### BANCE (à Paris, chez)

28 — Rentrée de Napoléon le Grand dans la capitale de l'Empire français, le 20 mars 1815. Grande pièce in-fol. en hauteur, en couleur. Très belle épreuve.

### BARTOLOZZI (F.)

29 — *Princess Amelia*, d'après W. Lawrence, In-4, 1792. Très belle épreuve.

### BASSET (à Paris, chez)

30 — Explosion d'une machine infernale, le 3 nivôse, an IX. (Attentat contre le premier consul), en couleur. Rare.

### BAUDOUIN (d'après P.-A.)

31 — La Nuit, par de Ghendt. Superbe épreuve avant la lettre.

### BELLANGÉ (H.)

32 — La Vedette, — Le prince Eugène à la bataille de la Moskova, — Voltigeurs français à l'attaque d'un retranchement, — Infanterie de ligne montant à l'assaut, — La Garde meurt et ne se rend pas, — Avant-poste, — Napoléon à Waterloo, — Adieu frère!... venge-moi, — Brevet de maître d'escrime, etc., etc. Vingt pièces. Belles épreuves.

33 — Costumes militaires (1815-1820), in-4, à claire-voie, publiés chez Gihaut, soixante-sept pièces coloriés. Très belles épreuves. Rares.

### BENOIST

34 — *Bonaparte* : Général en chef de l'armée d'Italie, représenté debout dans un médaillon in-8, d'après Texier. Très belle épreuve avant toute lettre.

## BERTHET

35 — 1er bulletin de la Grande Armée. In-8. Belle épreuve.

## BONNEFOY

36 — La Machine infernale, — L'Entrée d'une partie des alliés à Paris. Caricature sur les Russes, sans nom d'auteur. Deux pièces.

## BOVI (Mme)

37 — Two Sisters, d'après W. Locke. Très belle épreuve en couleur.

## CALAMATTA (L.)

38 — Masque de Napoléon. Très belle épreuve avec dédicace de Calamatta, à M. Sudre.

39 — *Demidoff* (princesse Mathilde). In-fol. Trois épreuves d'essai, dont une terminée.

## CARDON (Ant.)

40 — Bonaparte, accompagné du général Berthier à la bataille de Marengo, au moment de la victoire, d'après J. Boze. Grand in-fol., en pied. Très belle épreuve. Rare.

## CARICATURES

41 — Caricatures sur Cambacérès et ses amis. Quatorze pièces coloriées.

42 — La Girouette politique et littéraire, ou passe-temps de la fortune, — Les descentes de croix, ou la semaine sainte de 1815, — Le Départ de l'ambassade anglaise, — Grandes marionnettes politiques ou Minerve en goguettes, — Réception d'un chevalier de l'éteignoir. Cinq pièces coloriées.

## CHARLET (N.-T.)

43 — Napoléon au bivouac (9. r.), — Napoléon à Iéna (10). Deux épreuves. — Napoléon vu par le dos (15). Quatre pièces. Très belles épreuves.

### CHARLET (N.-T.)

44 — Hussard au galop, le sabre à la main (19. r. r. r.), — Deux Hussards au galop, le sabre à la main (20. r. r. r.), — Poste avancé (24. r.). Trois pièces. Très belles épreuves.

45 — Colonne d'infanterie en marche (27), — La Consigne (29. r.), — Cuirassiers chargeant (31. r.), — La Bienfaisance (322), — L'Hospitalité (332), — La Conversation (34. r. r.). Six pièces. Très belles épreuves.

46 — Le Grenadier de Waterloo (38. r.), — Le Drapeau défendu (42. r.). Deux épreuves. — Les Français après la victoire (43. r. r.), — La Mort du cuirassier (44. r. r.), — Les Maraudeurs (49. r. r.), — Le Grenadier manchot (51 r. r. r.). Sept pièces. Très belles épreuves.

47 — Deux prisonniers russes amenés devant un officier français (54), — Prisonniers autrichiens (55), — Courage, Résignation (68. r. r.), — Cuirassier français portant un drapeau(76. r.), — Le Menuet (77. r. r.), — La Cuisine au bivouac (79. r. r.). Six pièces. Très belles épreuves.

48 — Au maréchal Brune (82. r. r. r.), — L'Instruction militaire (83. r. r.), — Le Soldat musicien (84 r. r.). — Le Marchand de dessins lithographiques (85. r.), — Les Maraudeurs (86. r. r.). Cinq pièces. Très belles épreuves.

49 — L'Aumône (87. r.). Épreuve avant le titre, — Jeune soldat se découvrant devant un invalide (88. r. r.), — A moi ! les anciens (89. r. r. r.), — Appel du contingent communal (90. r. r.). Quatre pièces. Très belles épreuves.

50 — Bonaparte factionnaire (266), — Aux vieux grognards ! le tailleur de pierres reconnaissant (277), — Le premier coup de feu (299), — Le second coup de feu (300). Quatre pièces. Très belles épreuves.

51 — Costumes militaires. Huit pièces de diverses suites.

52 — Sujets tirés d'Albums, fantaisies, croquis à la manière noire et à l'eau-forte, etc. Cinquante-sept pièces.

### CHARLET (N. T.)

2    **53** — Dessins à la plume à l'usage des élèves de l'Ecole poly-
technique. Douze pièces.

### CHARON

16    **54** — Le Repos des enfants de la victoire, — Le Champ d'A-
d'Asile. Deux pièces in-4° en couleur.

### CHATAIGNIER (à Paris, chez)

**55** — *Bonaparte*, premier consul. In-4°. Très belle épreuve,
toute marge. *De Gir. Gh. D. G. h.*

**56** — Bonaparte, premier consul. In-fol. équestre. Très belle
épreuve en couleur. *De Gir. it D. ut*

**57** — *Bonaparte*, premier consul. In-fol. équestre. Très belle
épreuve, marge. *De Gir. ut D. h*

### CHAUVEL (T.-H.)

**58** — Le Camp arabe, d'après Fromentin. Epreuve avant la
lettre, sur chine. *Hed. h*

### CHEREAU (à Paris, chez)

**59** — L'Empereur fait prêter serment aux Membres de la
Légion d'honneur à l'hôtel des Invalides, ce 15 juillet
l'an 1804, — Napoléon I<sup>er</sup>, empereur des Français, dis-
tribuant des croix de distinction aux membres de la
Légion d'honneur 1804. Deux pièces, dont une coloriée.
*D. J Gir. Gu Gar.*

### COPIA

**60** — *Bonaparte* à cheval, conduit par la Renommée. In-fol.,
d'après Prud'hon. Très rare épreuve avant la lettre, non
terminée. *D. uu*

### COQUERET

**61** — Lancier polonais, d'après C. Vernet, en couleur. Belle
épreuve.

### COSTUMES

**62** — Costumes et coiffures publiés à Londres en 1804. Douze
pièces en couleur. *D. C*

★

## COSWAY (d'après R.)

63 — *Cosway* (Maria), par C.-G. Playter, 1786. In-4. Très belle épreuve. *D. C*

64 — *Jackson* (M^rs), gravé par J. Condé. In-4°. en couleur. Très belle épreuve, marge. *D. ig*

65 — *Stanhope* (Lady Anna-Maria), par Ant. Cardon, 1801. In-fol. Très belle épreuve. *D. gg.*

66 — Il Penseroso, par C. Josi, 1797. In-fol. Très belle épreuve. *D. gt*

67 — Portrait d'une jeune femme debout, vue de face, prête à monter un escalier, gravé par Ant. Cardon. In-fol. Superbe et rare épreuve avant toute lettre. *D. Gr*

68 — Portrait d'une jeune femme représentée debout, appuyée sur la base d'une colonne. In-fol. Très belle épreuve avant la lettre, marge. *D. Gr*

## CRAIG (d'après W.-M.)

69 — *Mullens* (M^rs), gravé par H. Landseer, 1807. In-fol. en pied. Très belle épreuve, les bras et la figure imprimés en couleur. *D. it*

## DARCIS et TASSAERT

70 — *Buonaparte*, général en chef de l'armée d'Italie, d'après C. Vernet, — *Bonaparte*, premier consul. Deux portraits in-fol. équestres. Très belles épreuves. *De Gir. it D. Gu*

## DAVID (F.-A.)

71 — Le Triomphe de la République, — Serment de l'Empereur. Deux pièces. Très belles épreuves avant la lettre. *D. eu*

72 — Les Honneurs du triomphe décernés à Bonaparte, — L'Empereur recevant les présents de ses peuples en 1813. Deux pièces d'après Monet, dont une avant la lettre. Très belles épreuves.

## DAVIGNON

73 — Bonaparte, premier consul, d'après Jarrin, maître d'écriture. In-fol. Belle épreuve. *De Gir. Gt — D. r*

## DEBUCOURT (P.-L.)

74 — Tête et coiffure moderne à l'usage des jeunes personnes qui dessinent. In-4 à la sanguine. Très belle épreuve.

75 — *Napoléon I^er*. In-fol. en pied, 1807, en couleur. Très belle épreuve, marge.

76 — Houssard français, — Cuirassier français. Deux pièces en couleur d'après C. Vernet. Très belles épreuves, grandes marges.

77 — On n' passe pas, d'après Charlet. Belle épreuve sur chine.

## DESMAISONS (E.)

78 — Une grande dame, d'après sir Thomas Lawrence. In-fol.

## DESNOYERS et ROY

79 — S. M. le Roi de Rome. Deux portraits différents d'après Girard et Prudhon. In-4. Belles épreuves.

## DEVERIA (E.)

80 — La Reine des Belges, — Madame Eugène Daveria, — Léon Noel, — Camille Roqueplan. — Portrait de femme. Cinq portraits in-fol. Belles épreuves.

81 — *Vigny* (Alfred de), — *Hugo* (Victor), — *Dumas* (Alexandre), — *Lamartine* (A. de). Quatre portraits in-fol. Très belles épreuves.

## DIVERS

82 — Costumes militaires français, d'après Loeillot, Detaille, Philippotaux, etc. Dix-sept pièces en couleur, dont un dessin par Janet-Lange.

83 — Costumes militaires français, cavalerie, artillerie et infanterie 1812, publiés en Allemagne. Vingt-cinq pièces coloriées. Rares.

84 — Costumes militaires français, anciens et modernes, par Raffet, Lalaisse, Aubry, Labrousse, David, De la Rue, Eisen, etc. Quinze pièces en noir et coloriées.

85 — Dragons de la garde impériale et royale française manœuvrant à pied. Feuille in-fol., sur laquelle sont représentée trois figures coloriées. Rare.

## DIVERS

86 — Lithographies diverses par J. Granville, Gros, Decamps,
E. Lami, etc. Neuf pièces. Belles épreuves.

87 — Sous ce numéro, il sera vendu un portefeuille lithographies diverses, sujets militaires et portraits.

## DUPLESSIS-BERTAUX

88 — Inauguration de la colonne Vendôme, gravé à l'eau-
forte par Duplessis-Bertaux, et terminé par Courbe,
Épreuve avant la lettre, — Journée du 18 Brumaire.
Pièce à l'eau-forte, des tableaux de la Révolution. Deux
pièces. Très belles épreuves.

## ELOUIS

89 — *Buonaparte*, général en chef de l'armée du Sud. In-4.
Très belle épreuve sur chine. Rare.

## GAUCHER (C.-E.)

90 — A Bonaparte, pacificateur, grande pièce allégorique en
largeur. Belle épreuve.

## GAVARNI

91 — Henri *Monnier*, — Mélingue, deux épreuves. — Le
prince Napoléon, — Decamps. Cinq pièces. Très belles
épreuves.

92 — Promenade du matin, — Le petit Cantonnier, — L'Al-
bum, — Le Soir, — Au Théâtre-Français, la cent et
unième représentation de : *le Mari, la Femme et l'A-
mant*, etc. Six pièces. Les trois premières sont des
épreuves d'essai avant toutes lettres. Très belles
épreuves.

## GÉRICAULT

93 — Portraits de Géricault, — Etudes de chevaux, etc.
Neuf pièces.

## GIACOMELLI (d'après)

94 — L'Hiver. Photogravure en couleur avant la lettre.

## GIGOUX (J.)

95 — *Barye*, — *Murat* (Caroline). Deux portraits in-fol. Belles épreuves.

## GIRARD

96 — *Lee* (miss Alice), d'après Paul Delaroche. In-fol. Belle épreuve.

## GIRARDET

97 — Journée du Champ de Mai. Année 1815. Trois épreuves dont une à l'eau-forte, une terminée avant toute lettre et une avec la lettre. Très belles épreuves.

## GODEFROY

98 — Formule de congé militaire, d'après C. Vernet. Belle épreuve.

## GONCOURT (J. DE)

99 — La Bouquetière galante, d'après Boucher. Très belle épreuve.

## GRAVELOT (d'après)

100 — Militaire vu de face, tenant son fusil sur l'épaule, gravé à la sanguine par Bonnet. Très belle épreuve.

## GREATHBATCH (W.)

101 — *Sévigné* (Madame de), d'après Harving. In-8. Très belle épreuve. Rare.

## GREVEDON

102 — Portraits de femmes, 1829. Huit pièces in-fol. Très belles épreuves.

## HABERMANN (d'après F.)

103 — Angriff der franz Cuirassiere unter ihrem general Obristen Grafen d'Espagne auf die Massen des regiments frohlich in der Schlacht bey Aspern am 22 ten May 1809. Grande pièce in-fol. en largeur, coloriée, gravée par Anton.-Pucherna, et publié à Vienne. Très belle épreuve. Rare.

## D'HARDIVILLER

104 — Le duc de Rivière, capitaine des gardes-du-corps du roi, passant en revue sa compagnie. Grande lithographie in-fol en largeur, coloriée. Rare.

### HOCQUART (à Paris, chez)

105 — Brevet de pointe. Pièce coloriée. Rare. Marge.

### IMAGERIE D'ÉPINAL

106 — Scènes et portraits relatifs à la vie de Napoléon Ier, et généraux de l'Empire, Napoléon III, etc. Cinquante pièces coloriées.

### ISABEY

107 *Angoulême* (la duchesse d'). Deux épreuves dont une sur papier teinté, — Portrait d'homme. Trois pièces. Très belles épreuves.

### ISABEY (d'après J.)

108 — *Levert* (Mademoiselle), par Mecou. In-4. Très belle épreuve avant la lettre, sur chine.

109 — Grand habit de Sa Majesté l'empereur Napoléon Ier, le jour du couronnement. In-fol. en couleur. Belle épreuve.

### ISABEY ET VERNET (d'après)

110 — Revue du général Bonaparte Ier, consul. An IX (1800). Grande lithographie imprimé par Benard.

### JAZET

111 — Napoléon le Grand, empereur des Français. In-fol. à cheval. Très belle épreuve en couleur.

### JEAN (à Paris, d'après)

112 — Costumes des généraux de l'Empire : officiers et soldats de diverses armes. Trente-sept pièces coloriées. Rare.

### KELLNER (J.)

113 — Tableau des dépenses faites par les troupes françaises à Nuremberg en 1796, d'après Zwinger. Très belle épreuve, marge.

### KOLBE (d'après)

114 — Garde impériale de France, grande planche in-fol. en largeur, gravée par Meyer, et représentant onze costumes de cavaliers, en couleur. Très rare.

### DE LARMESSIN (N.)

115. Marie-Josephe de Saxe, dauphine de France, d'après Van-loo. In-fol. en pied. Très belle épreuve.

### LEFÈVRE

116 — *Buonaparte*. In-fol. en pied, d'après Le Dru. Deux épreuves avec figures différentes. Très belles épreuves.

### LEFÈVRE (d'après R.)

117 — Bonaparte (Napoléon). In-fol. en pied, gravé en couleur par Zehcavel, publié à Londres. Très belle épreuve. Rare.

### LAMI (Eugène)

118 — Collection des armes de la cavalerie française en 1831-1832-1834. Suite numérotée de 1 à 10. In-fol. en largeur, manque le n° 9. Très belles épreuves. Rares

119 — Six pièces doubles des précédentes, dont trois colo-riées. Très belles épreuves.

### LE BEAU

120 — Napoléon I<sup>er</sup>, empereur des Français, d'après Nodet. In-fol. en largeur. Très belle épreuve, marge.

### LE CŒUR

121 — Fêtes du Sacre et Couronnement de Leurs Majestés Impériales. Deux pièces en couleur. Très belles épreuves.

### LEVACHEZ

122 — Napoléon I<sup>er</sup>, empereur des Français et roi d'Italie, d'après C. Vernet. In-fol. en couleur. Très belle épreuve.

123 — Napoléon I<sup>er</sup>, empereur des Français, en manteau de cour. In-4° en couleur. Très belle épreuve, grande marge.

### LONGHI (G.)

124 — Bonaparte à la bataille d'Arcole, le 27 brumaire an V d'après Le Gros. In-fol. Très belle épreuve sur chine.

### LONGHI et TARDIEU

125 — Napoléon I<sup>er</sup>. Deux portraits différents. In-8 et in-fol. Belles épreuves.

### MAILE (G.)

126 — Buonaparte's New House Sainte-Hélène, d'après J. Johnson. In-4° en couleur. Belle épreuve.

### MANSFELD

127 — Deutsche Leibgarde in galla. — Ungarische-odeliche Garde in Galla. Deux pièces coloriées. Rares.

### MARTINET (à Paris, chez)

128 — Costumes militaires. Troupes françaises. 1806-1814. Trente et une pièces en couleur.

### MARYAT ET CHARON

129 — Pompes funèbres de Bonaparte, mort le 5 mai 1821. Voiture de Sa Majesté Napoléon I<sup>er</sup> le jour de son mariage avec Marie-Louise, archiduchesse d'Autriche, le 2 avril 1810. Deux pièces in-fol. en largeur. Coloriées.

### MIXELLE

130 — Arné (le Grenadier), d'après Beauvais. In-4° en couleur. Très belle épreuve.

### MONSALDY

131 — Le Triomphe des armées françaises. Très belle épreuve, marge.

### MORRET (J.-B.)

132 — Napoléon I<sup>er</sup>, empereur des Français et roi d'Italie, d'après Garneray. In-fol. en couleur. Très belle épreuve.

### NAPOLÉON

133 — Portraits de Napoléon, comme consul et empereur, des membres de la famille impériale, maréchaux et personnages célèbres de l'Empire. Environ quatre cents pièces, qui seront vendues par lots sous ce numéro.

### NAUDET

134 — Désespoir des ennemis de la France à la découverte de leurs complots, — Portraits exacts des conspirateurs chargés par le gouvernement britannique d'attenter aux jours du Premier Consul. Deux pièces en couleur, avec légendes en bas donnant les noms des personnages. Rares.

### NEHRLICH (J.)

135 — *Sontag* (Mlle H^te), cantatrice de la chapelle de S. M. le roi de Prusse, dans le rôle de la *Dame du Lac*. Lithographie coloriée. Très belle épreuve sur chine.

### NOEL (L.)

136 — *Crocker* (Miss), d'après sir Th. Lawrence. In-4°. Épreuve sur chine.

### P. A.

137 — *Le Négligé*. In 4° en couleur. Très belle épreuve, marge.

### PATAS

138 — *Colombe l'ainée* (Mlle), pensionnaire du roi. In-fol. en pied. Très belle épreuve, marge.

### PAUQUET

139 — La Revue passée par le Premier Consul. d'après Isabey et Vernet. Partie droite de l'estampe. Épreuve à l'état d'eau-forte.

### PAYEN

140 — Napoléon I^er, empereur des Français et roi d'Italie. In-4° en couleur. Belle épreuve.

### RADOS (L.)

141 — Jérôme Napoléon, roi de Wesphalie, d'après Bosio. In-fol. en pied. Très belle épreuve.

142 — *Murat* (Joachim), roi de Naples et de Sicile, d'après Bosio. In-fol. en pied. Très belle épreuve.

### RAFFET

143 — XIII Vendémiaire 1795 (Giacomelli X). Pièce gravée à l'eau-forte. Très belle épreuve.

144 — S. A. R. le duc d'Aumale. 1843 (8). Épreuve avant la lettre, sur chine.

145 — Maule, colonel des higlanders (19. rr), — Auguste Raffet (21. r), — F. Douay (22. rr), — Manèque (23. rr), — le commandant Sainte-Marie (25. rr) Deux épreuves d'essai. — Tiersonnier (28. rr), — Castelnau (29 rr), — le colonel Bouat (32 rrr), — Le pape Pie IX (34. rrr). Dix pièces. Très belles épreuves.

## RAFFET

146 — Je le sauverai ou je perdrai la vie (45. r), — Nous avons la victoire, Fanfan (46. r), — Tu as de l'honnenr… (50. rrr), — Napoléon à Bar-sur-Aube (59. rr), — Gendarmes faites feu (73), — Barricade de la rue Saint-Antoine (74), — Tirez sur les chefs et les chevaux (75), Je veux tuer un des soldats de Polignac (76), — Revue du 29 août 1830 (78). Neuf pièces.

147 — Allocution devant Augsbourg (62. r), — Waterloo (63. r). Deux grandes pièces in-fol. en largeur, faisant pendants. Superbes épreuves.

148 — Le Rêve (86), — Bataille de Fleurus (89), — J'entends le signal des combats (110). Trois pièces.

149 — Napoléon (Affiche pour l'histoire de), par M. de Norvins (122 r). Très belle épreuve de premier tirage, sur chine.

150 — Algérie ancienne et moderne (Affiche pour l'histoire de l') (125. r). Épreuve sur chine.

151 — Le Marchand de chansons (159. r). — Infanterie polonaise marchant à l'ennemi (161), — Souvenir du camp de Compiègne (164 et 165), — Livourne, 1849, — Le Marzocco (166), — Drapeau français (169). Six pièces.

152 — Catalans, sur la Rambla (172. rr). Épreuve d'essai sur chine.

153 — Garde consulaire (177). Deux épreuves. — Feuilles de croquis (179, 180, 181), — Armée autrichienne (182, 183, 184, 185, 186), — Types d'artilleurs français (191). Dix pièces.

154 — Sujets divers publiés en albums (205, 208, 209, 210, 214, 215. Deux épreuves. — 218, 239, 240, 245 *bis*, 248, 249, 251, 255). Quinze pièces.

155 — Sujets tirés d'albums (269, 270. Deux épreuves. — 271, 281, 290, 318, 322, 328, 329, 330, 335, 336, 340, 344, 345, 346, 347, 348. Deux épreuves. — 350, 352, 353, 355, 356, 357. Deux épreuves. — 358, 359, 360, 361). Trente-une pièces.

## RAFFET

**156** — Pièces tirées du journal *l'Artiste* (149). Trois épreuves.
— Sujets tirés d'albums, 1813 (365, 366, 368, 371, 372,
374, 375, 376, 378. Deux épreuves. — 379, 386, 387,
388, 389, 391. Deux épreuves. — 392. Trois épreuves.
— 399, 400, 401. Deux épreuves. — 402. Deux épreuves).
Vingt-six pièces.

**157** — Sujets tirés d'albums (403, 407, 409, 410. Deux épreuves.
— 412, 414, 417, 418, 419, 421, 422, 423, 424, 427, 428.
Deux épreuves). Dix-huit pièces.

**158** — Costumes militaires de diverses suites. Trente et une
pièces, dont quelques-unes coloriées.

**159** — Maréchal de France (498), — Dévouement du clergé
catholique (563), — Batterie n° 10 (581). Épreuves
avant la lettre, sur chine. — Infanterie hongroise (597),
— Paysans russes (649). Cinq pièces.

**160** — Projets de Tableaux esquissés à la plume par Raffet.
Fac-similé par Émile Bry. Cinq mai ! (780), — Le Défilé
nocturne (781), — Le Cri de Waterloo (782), — Costumes
de fantassins et cavaliers, etc. Huit pièces.

### RAFFET (d'après)

**161** — Illustrations pour l'histoire de la Révolution, gravées
en grande partie par Frilay. Cinquante-huit pièces.

**162** — Illustrations gravées sur bois, portraits et fac-similé
divers. Vingt-huit pièces.

**163** — Illustrations de l'armée française, depuis 1789 jusqu'en
1832. Neuf pièces de cette suite, lithographiées par
Llanta. Épreuve sur chine.

### RUOTTE (L.-C.)

**164** — Napoléon le Grand, Empereur des français, Roi d'Italie,
d'après Robert Lefèvre. In-fol. en couleur. Belle épreuve.

### SANDOZ (d'après)

**165** — *Retz* (le cardinal de), — *Mazarin* (le cardinal), — Anne
d'Autriche. Quatre portraits in-4, par G. Lévy, Soulière,
Desvachez. Epreuves d'artiste, dont trois sur chine.

### SCHENKER (N.)

166 — *Bonaparte*, d'après C. Vernet. In-fol. équestre. Très belle épreuve.

### SCHIAVONETTI (N.)

167 — *Saint Asaph* (Viscountess), d'après Mee, 1812. In-fol. Très belle épreuve.

168 — *Buonaparte*, d'après Cossia. In-4, publié à Londres en 1797. Très belle épreuve.

### SERGENT

169 — Honneurs rendus au brave Marceau après sa mort. Superbe épreuve avant toute lettre, en couleur. Très rare.

### SHARP (W.)

170 — *Galles* (S. A. R. le prince de) 1790. In-4. Très belle épreuve.

### SIROUY (A.)

171 — Rosa Bonheur, d'après Dubufe. In-fol. Très belle épreuve sur chine.

### SOCIÉTÉ FRANÇAISE DE GRAVURE

172 — Série de vingt-neuf estampes au burin, publiées par la société française de gravure. Epreuve avant la lettre, sur chine.

### TASSAERT

173 — Buonaparte, général en chef de l'armée d'Italie, d'après Appiani. In-fol. équestre. Très belle épreuve, grande marge.

### TOURCATY

174 — Décorations de l'ordre impérial de la Légion d'honneur. In-fol.

### TURNER (Ch.)

175 — *Malibran* (Mme), d'après Decaisne. In-fol. Belle épreuve.

176 — *Whitmore* (Mrs), d'après T. Phillips, 1810. In-fol. Très belle épreuve.

### VARIN et PLANER

177 — *Hoym* (Ch. Henri, comte de), d'après Rigaud. In-fol. Belle épreuve.

## VENDRAMINI (J.)

178 — *Decamp* (Miss), in the character of urania, d'après P. Jean. 1802. In-fol. en couleur. Très belle épreuve.

## VERNET (C. ET H.)

179 — Lithographies. Sujets militaires de l'œuvre de ces deux maîtres. Trente-huit pièces. Très belles épreuves.

## VERNET (d'après C.)

180 — Costumes militaires, Cavalerie. Six pièces in-fol. dont trois en couleur. Rares.

181 — Officier supérieur de l'artillerie légère, — Officier supérieur des Guides de l'Empereur, — Lancier de la Garde royale française, — Lancier français au galop, etc. Cinq pièces, dont deux en couleur. Belles épreuves.

182 — Napoléon le Grand, couronné par la Renommée. In-fol. équestre, gravé par Simon. Deux épreuves, dont une à l'état d'eau-forte.

## VILLENEUVE

183 — *Bonaparte*. Portrait in-4, tiré d'une suite intitulé : Le Bouclier national. Très belle épreuve.

# LIVRES

## RECUEILS D'ESTAMPES ET DE COSTUMES MILITAIRES

184 — **Adam (Albert).** Voyage pittoresque et militaire de Wittenberg en Prusse, jusqu'à Moscou, fait en 1812, pris sur le terrain même, et lithographié par Albert Adam, Munich, 1827. 1 vol. in-fol., demi-rel.

185 — **Antiquités** du Bosphore cimmérien, conservées au musée impérial de l'Ermitage. Ouvrage publié par ordre de Sa Majesté l'Empereur. Saint-Pétersbourg, 1854. 3 vol in-fol. cart. 2 vol. de texte et 1 vol. de planches.

186 — **Arnault.** Vie politique et militaire de Napoléon, par A. V. Arnault, membre de l'ancien Institut. Ouvrage orné de planches lithographiées, d'après les dessins originaux des premiers peintres de l'École française, exécutées par les plus habiles artistes et imprimés par C. Motte. Paris, Babeuf, 1822-1826. 2 vol. in-fol. cart.

187 — **L'Art** militaire français, pour l'infanterie, contenant l'exercice et le maniement des armes, tant des officiers que des soldats, représenté par des figures en taille-douce, dessinées d'après nature, avec un petit abrégé de l'exercice comme il se fait aujourd'hui. A Paris, chez Pierre Giffart. 1696. 1 vol. in-8, veau. Aux armes du roi.

188 — **Aubry.** Collection des uniformes de l'armée française présentée au roi par S. E. M. le Maréchal duc de Bellune, ministre de la guerre. 1823. Dix-neuf pièces en couleur, en 1 vol. in-fol. vel.

189 — Esquisses historiques des différents corps qui composent l'armée française, par Joachim Ambert, officier de dragons, membre de la société de l'Histoire de France. Dessiné par Charles Aubry. Titre et seize planches en coul. Paris, A. Degouy, s. d. 1 vol. in-fol. demi-rel. vel.

## LIVRES

**190 — Bastin.** Garde impériale, 1854. Suite de soixante planches in-8 en couleur, remontées de format in-4. 1 vol. in-4, demi-rel. toile.

**191 —** Uniformes français. Empire et Restauration. Suite de douze planches en couleur, publiées par Hautecœur frères, s. d. 1 vol. in-fol., vel.

**192 — Baudouin.** Exercice de l'infanterie française ordonné par le Roy le vi May 1755, dessiné d'après nature dans toutes ses positions, et gravé par S. R. Baudouin, colonel d'infanterie, chevalier de l'ordre royal et militaire de Saint-Louis et lieutenant de grenadiers au régiment des gardes françaises. 1757. 1 vol. in-fol. cart.

**193 — Bellangé (H.).** Grenadier à cheval en grande tenue, — Officier de chasseur à cheval en grande tenue, — Mameluck, — Dragon en grande tenue, — Officier de grenadiers à cheval en grande tenue, — Lancier polonais en grande tenue, — Artillerie légère en grande tenue, — Trompette des dragons en grande tenue. Suite de huit pièces numérotées; une est double. 9 pièces en 1 vol. in-fol., demi-rel. vel.

**194 —** Costumes militaires. 1793-1812. Quarante-quatre pièces gravées sur bois, coloriées. 1 vol. in-8, demi-rel. toile.

**194 bis —** École du soldat. Suite de dix-huit pièces en 1 vol. in-4, velin.

**195 — Blanc et Noguès.** Garde nationale et garde municipale. 1830. Dix-sept pièces coloriées en 1 vol. in-4, toile.

**196 — Botta et Flandin.** Monument de Ninive découvert et décrit par M. P. E. Botta, mesuré et dessiné par M. E. Flandin. Ouvrage publié par ordre du Gouvernement sous les auspices de M. le Ministre de l'intérieur et sous la direction d'une commission de l'Institut. Paris, Imprimerie nationale, 1849-1850. 5 vol. in-fol., demi-rel. mar. bl. dos et coins.

## LIVRES

**197 — Bowyer** (R.). Evènements de 1813 à 1815. Batailles de Leipzig, Waterloo, — Entrée des souverains alliés à Paris, etc. Six pièces en couleur publiées en Angleterre. 1 vol. in-fol. obl., demi-rel. toile.

**198 — Caricatures.** Réunion de cent quarante-deux pièces en couleur. Caricatures relatives à Napoléon Ier et les principaux personnages politiques de cette époque. Contenues dans deux portefeuilles renfermés dans deux étuis en demi-mar. vert.

**199 — Charlet.** Costumes militaires. Suite de dix-sept pièces imprimées chez Lasteyrie en 1817 et 1818 (L. 110, 126). Plus une suite de deux pièces publiées chez Delpech. Dragon d'élite, armée d'Espagne, — Grenadier à pied de la vieille garde (155 et 156). Ces dix-neuf pièces rares sont rel. en 1 vol. in-4, demi-rel. vel.

**200 —** Suite de vingt-huit pièces à la plume, imprimées chez Delpech à la fin de 1817 et au commencement de 1818, représentant des costumes militaires français (L. 127-154). Toute la suite est coloriée. Dix pièces sont doubles en noir. 1 vol. in-4, toile.

**201 — Charlet.** Suite de trente pièces représentant les costumes de la garde impériale. Elles ont été imprimées chez Delpech, de juillet 1819 à mars 1820. L. 157-186. 1 vol. in-fol., demi-rel., toile.

**202 —** Costumes d'infanterie, armée de 1809. Sept pièces d'une suite de douze. (L. 187-189-192-193-194-195-199). 1 vol. in-4, rel. toile.

**203 —** L'Empereur et la garde impériale, par Charlet, avec un précis historique sur la garde, et une notice sur les officiers généraux et supérieurs qui en ont fait partie, par M. Adrien Pascal, dédié à S. M. Napoléon III. Paris, Perrotin, 1853. 1 vol. in-fol., demi-rel. vél.

Exemplaire contenant 46 planches en couleur, auquel sont ajoutées 8 pièces doubles en épreuve d'essai avant la lettre, et « Napoléon à l'École militaire », première idée.

## LIVRES

204 — **Collection** des drapeaux de la garde nationale pari-
sienne 1792. Suite de soixante planches en couleur
reliées en 2 vol. in-4. véau. *5.*

Ouvrage d'une grande rareté.

205 — **Études** sur les costumes militaires. Recueil contenant
66 dessins à la plume ou à l'aquarelle. 1 vol. in-4,
demi-rel. toile.

206 — **Exploration** archéologique de la Galatie et de la
Bithynie, d'une partie de la Mysie, de la Phrygie, de
la Cappadoce et du Pont, exécutée en 1861, et publiée
sous les auspices du ministère de l'instruction publique,
par Georges Perrot, Edmond Guillaume et Jules Deblet.
Paris, 1872. 2 vol. in-fol. cart.

207 — **Focosi** (R.). Rassegna data alla Milizia in Milano da
Bonaparte el 9 Luglio 1797. — Rassegna data alla milizia Cisalpina dal generale supreme Murat, el 17 set-
tembre 1801, nei dintorni di Monza. — Rassegna data
alle milizie Italiane e Polacche dall'imperatore e re
Napoleone al campo di Montechiaro il 10 giugno
1805. Rassegna data alla Marinera Italiana in Venezia
dal l'imperatore e re Napoleone el 29 novembre 1807.
— Rassegna data in Milano dal principe Eugénio li
18 febbrajo 1812, alla milizia Italiana. Cinq pièces in-
fol. en large. Lithographies coloriées, publiées à Milan
en 1845. 1 vol. in-fol. toile. *5.*

208 — **Fossier.** Le Soldat d'Arcole, romance militaire, pa-
roles de M. Henry Fossier, mise en musique par Joseph
Vimeux. Vignette frontispice par Tellier. In-4. cart.

209 — **Fournier.** Sujets militaires, cavalerie. Dix pièces en
1 vol. in-4., toile.

210 — **Les Français** peints par eux-mêmes, encyclopédie
morale du dix-neuvième siècle (tome cinquième l'Armée). Paris, Curmer, 1842, 1 vol. in-8, vél., figures
coloriées.

## LIVRES

211 — **Garneray** (d'après). Costumes des membres du Directoire et des principaux corps de l'État, 1796. Vingt-six pièces gravées en couleur par Alix. 1 vol. in-8. demi-rel. veau.

212 — **Gheyn** (J. de). Maniement d'armes d'arquebuses, mousquets et piques en conformité de l'ordre de Monseigneur le prince Maurice d'Orange, comte de Nassau... représenté par figures par Jacques de Gheyn... Imprimé à Amsterdam, chez Robert de Baudous, 1608, 1 vol. in-fol. veau.

213 — **Graff**. Schulerarbeiten der K. Kunstgewerbeschule zu Dresden. Direction, prof. C. Graff. Ostern 1882-1883. Soixante et une planches photogravures. Grand in-4° en portefeuille.

214 — **Gravelot** (d'après H.). Figures militaires en différentes positions. Sept pièces en 1 vol. in-4. obl., toile.

215 — **Guillaume**. Instruction sur les manœuvres d'artillerie à cheval, à l'usage du 1er régiment d'artillerie à cheval italienne, par le colonel F. Guillaume, 1808. 1 vol. de texte et 1 vol. de plans (manuscrits), 2 vol. in-4. cart.

216 — **Haberman** et **Klein**. Campagnes de l'Empire, 1812-1815. Vingt pièces en couleur et en noir, publiées à Vienne, chez Artaria et Cie. 1 vol. in-fol. obl., toile.

217. — **Hucher**. Vitraux peints de la cathédrale du Mans, ouvrage renfermant les réductioes des plus belles verrières et la description complète de tous les vitraux de cette cathédrale, publié sous les auspices de Mgr Fillion, évêque du Mans, par M. Eugène Hucher. Paris, Didron, 1865. 1 vol. in-fol. cart.

218 — **Jacquemart** (Jules). Les gemmes et joyaux de la Couronne, publiés et expliqués par Henry Barbet de Jouy, dessinés et gravés à l'eau-forte d'après les originaux par Jules Jacquemart, Paris, 1865. In-fol. en portefeuille.

## LIVRES

219 — **Janet-Lange.** Uniformes de l'armée française en 1848, dessinés d'après les ordres du ministre de la guerre, par Janet-Lange. Titre et soixante-quatre planches. 1 vol. in-fol., demi-rel. mar. vert, dos et coins.

220. **Lalaisse.** Types militaires de l'armée française. Suite de soixante pièces coloriées, publiées par Morier. 1 vol. in-fol. demi-rel., toile.

221 — **Layard.** The monuments of Nineveh from drawings made on the spot by Austen Henry Layard. London, 1853. Deux parties in-fol., texte et planches en portefeuille.

222 — **Leconte** (H.). Armée française, 1837. Suite de 116 planches en couleur, publiées par Hautecœur-Martinet, rue du Coq. 1 vol. in-4, demi-rel. toile.

223 — Costumes civils et militaires de la monarchie française, depuis 1200 jusqu'à 1820. 64 planches en couleur. 1 vol. in-4, demi-rel. toile.

224 — **Monten.** Saemmtliche truppen von Europa in characteristilchen truppen nachdem leben gezeichnet vom Schlachtenmaler Dietrich-Monten in München. Neuf des planches représentant l'armée française. 1 vol. in-4 cart.

225 — **De Moraine.** Campagne de Russie 1812. Costumes des armées alliées. Trente pièces gravées sur bois, coloriées. Plus vingt pièces doubles épreuves d'essai sur chine avant la lettre. 1 vol. in-8, demi-rel. vel.

226 — **De Moraine et Bellangé.** Costumes de la garde impériales. Trente-huit planches gravées sur bois, par Lacoste, en épreuve d'essai sur chine. 1 vol. in-4, demi-rel. vel.

227 — **Nouveau** recueil des troupes qui forment la garde et maison militaire du Roi, de Monsieur et de Mgr le comte d'Artois, ses frères, avec la date de leur créa-

## LIVRRS

tion, le nombre d'hommes dont chaque corps est composé, leurs uniformes et leurs armes. Paris, chez Juillete, rue de Bievre, s. d. (vers 1780). In-4, veau marbre. Titre gravé et quatorze planches coloriées. Rare.

228 — **Place.** Ninive et l'Assyrie, par Victor Place, consul général, avec des essais de restauration par Félix Thomas. Ouvrage publiée d'après les ordres de l'Empereur. In-fol. en portefeuille. (Atlas seulement.)

229 — **Pilippoteaux.** Costumes militaires fiançais depuis le dixième siècle jusqu'en 1854. Quarante-cinq pièces en couleur gravés sur bois en 1 vol. in-8, demi-rel., toile.

230 — **Raffet.** Dessins faits d'après nature, au siège de la citadelle d'Anvers, par Raffet. Suite de vingt-quatre pièces (G. 508-535). 1 vol. in-fol., obl. demi-rel., mar. rouge.

Exemplaire colorié, sauf le frontispice qui est en noir en double état et le n° 11. Deux autres pièces sont doubles, en noir

231 — Retraite de Constantine. Six sujets par Raffet (G. 536-542), — Prise de Constantine. Douze sujets, par Raffet (543-556). A cette suite, est ajoutée la pièce très rare décrite sous le n° 545 : Première pensée de la planche n° 1 : Marche sur Constantine. Ces deux suites sont accompagnées de leurs titres imprimés sur papier de couleur. 1 vol. in-fol., demi-rel. mar. rouge.

232 — Souvenirs d'Italie. Expédition de Rome. Suite de trente-six planches. (G. 557-503.)

Exemplaire de premier tirage sur papier de Chine coupé au bord du dessin. Du n° 8 il y a trois épreuves, dont deux d'essai avec titres différents. Du n° 7, trois épreuves, dont une avant les adresses de Gihaut et Bry. Le n° 15 double en épreuve d'essai, avant le nom du général Vaillant. Le n° 25, épreuve d'essai avec différence de titre. Le n° 26, double épreuve d'essai avec titre différent. Le n° 27, double épreuve d'essai sur Chine avant toute inscription. Le n° 28, doube épreuve d'essai, portant le n° 30. Le n° 32, double épreuve d'essai. Les n°s 33, 34 et 36 doubles épreuves d'essai avant toute inscription. On a aussi ajouté à cet exemplaire les portraits de Saint-Arnaud, Regnauld de Saint-Jean-d'Angely, Lebrun, Boyer, Baraguey d'Hilliers, deux portraits différents, Le Blanc, Bouat. Plusieurs de ces portraits sont en épreuves d'essai, avant la lettre. 1 vol. in-fol. demi-rel. mar. rouge dos et coins.

## LIVRES

**233** — Collection des costumes militaires de l'armée, de la marine et de la garde nationale françaises, depuis août 1830, dessinée et lithographiée par Raffet, accompagnée d'un texte relatif à la constitution spéciale de chaque arme, par le capitaine B. Paris. Frérot, 1833. 1 vol. in-4, vel.

Exemplaire composé de planches en noir et coloriées, dont plusieurs avant la lettre, manque les n°s 19 et 20; en tout 40 planches.

**234** — Napoléon I<sup>er</sup> et la Garde impériale. Suite de vingt pièces gravées par Ch. Collin, d'après Raffet et publiées par Furne. 1 vol. in-4, demi-rel. toile.

**235** — **Recueil** de costumes de l'armée Westphalienne 1810. Suite de vingt-cinq costumes dessinés à l'aquarelle, en feuilles.

**236** — **Recueil** de sujets militaires gravés à l'eau-forte. Douze pièces en 1 vol. in-4, toile.

**237** — **Recueil** de bouches à feu et d'affuts curieux employés, tant en France qu'à l'étranger, depuis l'invention de la poudre jusqu'à ce jour, 1838. Cent trente et une planches in-fol. en portefeuille.

**238** — **Recueils** de portraits, affiches, proclamations, écrits satyriques, etc., relatifs au général Boulanger, Grévy et Wilson. 3 vol. in-8, in-4 et in-fol., cartonnés.

**239** — **Rottger**. Les Antiquités de Kertsch photographiées d'après les originaux et publiées avec l'autorisation de S. M. l'Empereur, par Charles Rottger, libraire de la Cour impériale, 1873. Dix photographies in fol. en portefeuille.

**240** — **Statue** et vases de bronze exposés par J. Charvet au Palais de l'Industrie. Paris, 1880. In-fol. en portefeuille.

**241** — **Tardieu**. Galerie des uniformes des gardes nationales de France.... publiée avec l'approbation de Monsieur, colonel général des Gardes nationales et dédiée à son Altesse Royale, par Ambroise Tardieu. A Paris, 1817.

## LIVRES

1 vol. in-8, cart., frontispice, texte et vingt-six planches en couleur. Rare.

242 — **Vernet** (Carle). Garde royale, grenadiers, chasseurs, dragons, hussards, curassieurs, gardes du corps, etc. Trente-cinq pièces en 1 vol. in-fol., demi-rel. toile. Plusieurs planches sont coloriées.

243 — **Vernier** (Ch.). Costumes de l'armée française (1660-1854). Suite de soixante-six planches en couleur, publiées par Aubert et Hautecœur, 1 vol. in-folio demi-rel. vel.

244 — **Viel-Castel**. Collection de costumes, armes et meubles pour servir à l'histoire de la Révolution française et de l'Empire, par le comte Horace de Viel-Castel. Paris, chez Canson, s. d. Gr. in-4, en portefeuille.

Imprimerie D. Dumoulin et Cie, à Paris.

PARIS

IMPRIMERIE D. DUMOULIN ET C^{ie}

5, RUE DES GRANDS-AUGUSTINS, 5